信頼関係が築ける

保護者との話し方

名句と禁句でわかる
入園前後～いろんな場面の言葉と心がまえ

わたなべ めぐみ／著

ひかりのくに

はじめに

最近、「保護者対応」という言葉をよく聞くようになりました。でも保護者との関わりは「対応」なのでしょうか？　何か身構えてしまう言葉のような気がします。もっと心を開いた「対話」が必要なのではないでしょうか。

わたしたち大人と同じように、子どもたちにも公私の顔があります。園での○○ちゃん＝公的な面と、家庭での○○ちゃん＝私的な面とでは、違う顔を見せることもあるでしょう。公的な面は保育者の方がよく知っているし、私的な面は保護者の方がよく知っているはずです。保護者と保育者がその両面を共有し合って、お互いに理解を深めながら子どもを育てていくことが大切なのです。

そのために気をつけたいポイントが二つあります。一つは“保育者が一歩下がる”こと。子どもにとって保護者の存在は、基本的に保育者よりも大きいものです。保育者から見たらどんなに“ダメな親”でも、子どもにとっては欠かすことのできない大切な人なのです。「わたしの方が○○ちゃんのことをよく知ってるわ」とか、「何もしないで、文句ばかり言う困った親」などという

気持ちを保育者がもっていると、それが言動に表れて、子どもを傷つけることになります。保護者あっての子どもだということを忘れてはいけません。

二つ目は“保護者を丸ごと認める”こと。子育ての主役はあくまでも保護者です。そしてその不安や困難を受け止め、サポートするのが保育者の役割です。保育者はつい「こうあってほしい」という理想の親像を保護者に求めがちです。でも要求ばかり突きつけられたら、保護者だって「あなたはどうなのよ」と保育者に反発してきます。まず相手の長所も短所も丸ごと認めて受け止めるところから、コミュニケーションをスタートさせましょう。

保護者も保育者もお互い人間ですから、行き違いや勘違いもあります。でも日ごろから“一歩下がって”“相手を認めて”いれば、きっと気持ちは伝わり、信頼関係が生まれてくるはずです。

「対応」ではなくて「対話」です。あまり気負いすぎず、でもけじめはもって、保護者と協力できる間柄を目ざしましょう。

わたなべ　めぐみ

本書の特長

＊きちんとした心構えから出る心からの言葉により、保護者の方々とのコミュニケーションを深め、信頼関係を築いていただくための本です。

＊保育のあらゆる場面をイメージしながら、その状況に適した話し方文例(「名句」)を示し、なぜその言葉なのかを解説しています。うわべだけではなく、保護者理解に基づいた話し方が身につくようになっています。

＊併せて、知らないうちに言ってしまっているかもしれない、気をつけたい言葉の例を、「禁句」として示しました。「名句」と対比させて読むことで、コミュニケーションの大切さが理解できます。

②こんなとき

①章のタイトル(Ⅰ～Ⅵ) → Ⅱ 保護者の気持ちに寄り添って

こんなとき

子どもの意外な一面を知らされたときに

③保護者への話し方文例(「名句」) →

**○○くんには、
そういうところがあるんですね。
教えていただいて
ありがとうございます。**

④状況イラスト →

うちにかえると スグにね…♡
くうちゃ～ん ただいま♡
さびしかったよ～
へえ～♡
バイバーイ!
おうっ! またなっ!

22

本書の使い方

＊下のように、一つの場面を見開きでレイアウトしています。目次の六つの章の中から、知りたいと思われたページから見てください。

①章のタイトル（I～VI）

全部で六つの章から成り立っています。何を目ざしての言葉なのかを確認してください。

②こんなとき

どんな状況のときの言葉かを示しました。場面を具体的に示すことで、「こんなときはどうしたらいいの?」と思ったときに探しやすくなっています。

③保護者への話し方文例（「名句」）

保護者との信頼関係を深めるための話し言葉になっています。「この言葉のもつ意味は?」（右ページ上）と合わせて読んでください。暗記してその通りに話すのではなく、理解を深めて自分の言葉にしましょう。信頼関係づくりには、まず言葉が必要です。会話が少ないとお互いの理解が深まりません。積極的に話しかけましょう。

④状況イラスト

ちょっとコミカルに描いてみました。難しく考えずに、「こんなこと、あるある」と身近な場面をイメージしながら、楽しく読んでください。

⑤解説・この言葉のもつ意味は?

うわべの言葉だけでは、メッキがすぐにはがれてしまいます。この解説には、左ページの話し方文例に対する心構えや、そこからさらに発展させたいことなどが、現場の状況を考え合わせながらわかりやすく書いてあります。よく読んで理解を深めてください。

⑥禁句・気をつけたい言葉

悪気なく、知らないうちに使っている言葉でも、相手を傷つけていることがあります。ここを読んで、思い当たることはないか、注意していきましょう。

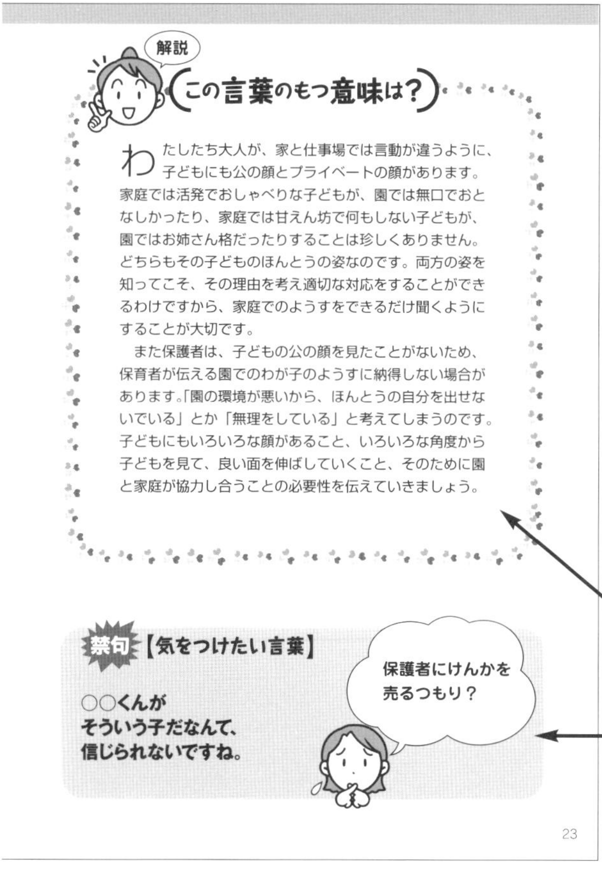

解説

この言葉のもつ意味は?

わたしたち大人が、家と仕事場では言動が違うように、子どもにも公の顔とプライベートの顔があります。家庭では活発でおしゃべりな子どもが、園では無口でおとなしかったり、家庭では甘えん坊で何もしない子どもが、園ではお姉さん格だったりすることは珍しくありません。どちらもその子どものほんとうの姿なのです。両方の姿を知ってこそ、その理由を考え適切な対応をすることができるわけですから、家庭でのようすをできるだけ聞くようにすることが大切です。

また保護者は、子どもの公の顔を見たことがないため、保育者が伝える園でのわが子のようすに納得しない場合があります。「園の環境が悪いから、ほんとうの自分を出せないでいる」とか「無理をしている」と考えてしまうのです。子どもにもいろいろな顔があること、いろいろな角度から子どもを見て、良い面を伸ばしていくこと、そのために園と家庭が協力し合うことの必要性を伝えていきましょう。

禁句【気をつけたい言葉】

○○くんが
そういう子だなんて、
信じられないですね。

保護者にけんかを
売るつもり？

23

⑤解説・この言葉のもつ意味は?

⑥禁句・気をつけたい言葉

CONTENTS　信頼関係が築ける保護者との話し方

本文イラスト／おかじ伸
編 集 協 力／永井一嘉
企 画 編 集／安藤憲志・長田亜里沙

I

信頼関係が築ける保護者との話し方

保護者と共通理解を
―入園前後―

こんなとき

こんなとき

入園説明会・入園式のときに

「園はただ楽しいだけの場所ではありません。社会生活の第一歩です。」

解説

この言葉のもつ意味は？

入園前の保護者は、園に過剰な期待をもっています。「優しい先生が遊んでくれる」「お友達がたくさんできる」「子育てが楽になる」など、自分につごうの良いことばかり期待しがち。でも、現実は決して思い通りにはいきません。価値観の違うほかの保護者や子どもとの行き違い、家庭とは違う園生活のルール、保育者との人間関係……。期待が大きかった分だけ、ささいなことでも気になってしまうのです。「こんなはずではなかった」と失望する前に園生活のねらいをきちんと説明して、理解と協力を求めましょう。

入園前の子どもは、家庭という私的な環境で生活しています。入園は社会への第一歩。いろいろな人と出会い、いろいろな考え方・やり方を経験する中で、社会性を身につけていきます。忍耐力・コミュニケーション力・自主性も育ちます。子どもの成長には、楽しいだけではないさまざまな経験が必要であり、それを提供する場所が園なのです。

禁句【気をつけたい言葉】

なんでも思い通りになると思わないでください。お宅のお子さんだけじゃないんですから。

正直に言えば良いというものではありません。

こんなとき

けんかを心配する保護者に

「初めての集団生活では、けんかやかっとうがあってあたりまえなのです。」

止め時の
みきわめが
大切‥‥

解説

この言葉のもつ意味は？

少子化が進む現代では保護者も過保護になり、必要以上に子どもの言動に介入しがちです。特におもちゃの取り合いや遊具の順番などでよその子どもともめることを恐れ、子ども同士がぶつかり合う前に、保護者同士が解決してしまう傾向にあります。また、子ども中心の生活のため、保護者には甘やかしているという自覚がなくても、なんでも思い通りになる生活を送っている子どもも少なくありません。

そんな子どもたちが、集団生活の中で初めて思い通りにならない状況に出会うわけです。いつもなら助けてくれる保護者もいません。けんかやかっとうがあってあたりまえなのです。でも、そのぶつかり合いを通して、忍耐力や思いやりの心を学んでいきます。大人が先回りして解決していては、いつまでたっても子ども自身の心が育ちません。けんかやかっとうを回避するのではなく、実際に経験する中で、どうすればいいのか子どもといっしょに考えていくことが大切なのです。

禁句【気をつけたい言葉】

お友達と仲よくするように、
おかあさんからも
よく言い聞かせてください。

これではかえって
不安になります。

こんなとき

園の方針や決まりを説明するときに

「園では～に関しては～と決めています。それは～だからです。」

だって制服よりコッチの方がカワイイでしょ♡
ネッ？
オハヨ～

解説

この言葉のもつ意味は？

それぞれの園には、その園の保育方針や決まりがあります。それはより良い環境や保育内容を提供して、子どもたちの発達を援助するために考えられ、決められているものです。個々の保護者には、それを納得して協力してもらうことが必要です。そのためには、なぜそう決められているのかという理由をきちんと説明しましょう。理由を言わずに「園の方針ですから」だけだと威圧感があり、押しつけられたという印象を与えて、保護者の反感を買うおそれがあります。やわらかく、優しく、しかしきちんと伝えることが大切です。

「保護者とうまくやりたい」「良い先生だと思われたい」という気持ちからはっきり言わずにいると、かえって誤解を招いたり、保護者の要求がエスカレートする場合もあります。じょうずに説明できない人は、先輩保育者や主任・園長にアドバイスを求めるとよいでしょう。ただし代わりに話してもらうのは最終手段。担任が対応するのが基本です。

禁句【気をつけたい言葉】

園の決まりですから、いやなら退園していただいてけっこうです。

保護者を脅してはいけません。

こんなとき

入園式後、各クラスでの担任あいさつのときに①

「子どもは、ひとりひとり違います。比べるのではなく、良いところを見てあげてくださいね。」

解説

この言葉のもつ意味は？

わが子の成長が気にならない親はいません。おなかにいたときは無事に生まれてくれと願い、生まれた後は飲んだミルクの量や体重の増減に一喜一憂し、はった、立った、歩いたと言っては大騒ぎして育ててきたのです。入園して同じ年齢のよその子どもをまのあたりにして、気にするなといっても無理な話です。しかもなぜか、よその子どもの良いところばかり目につくのです。「○○ちゃんはお友達がたくさんいるのに、うちの子はいつもひとりだわ」とか「△△君は運動神経バツグンね。でもうちの子は駆け足は遅いし、いつも部屋の中で遊んでるみたい」など、比べだしたらきりがありません。

保護者はつい苦手なこと、足りないことをできるようにさせようとしがちです。でもそれではかえって子どもの自信を喪失させることになりかねません。その子どもの良いところ、好きなこと、得意なことを認めて伸ばすことが自信とやる気につながり、苦手なことにも挑戦する意欲を引き出すのです。

禁句【気をつけたい言葉】

○○くんはほかの子に比べて、ちょっと～なのが心配です。

子どもを比べてはいけません。

こんなとき

入園式後、各クラスでの担任あいさつのときに②

「いつでも、どんなことでも遠慮なく話してください。いっしょに子どもたちを育てていきましょう。」

解説

この言葉のもつ意味は？

最近の保護者は大きく三つのタイプに分かれるようです。園に預けたからにはなんでも保育者頼りで、要求ばかりしてくるタイプ、質問や疑問に思っていることを聞いて保育者に嫌われたくないからと、がまんしてしまうタイプ、知識と情報だけで頭でっかちな優等生タイプです。どのタイプにも問題があります。園・保育者とのコミュニケーションがへたなのです。それぞれの立場と役割を話し合って、協力を求めましょう。

園と家庭は対等の立場です。保育者は保育のプロフェッショナルです。でも、個々の子どもについては保護者のほうがよくわかることもあります。また、どんなに園ががんばっても、家庭と連動しないとうまくいかないことがたくさんあります。園と家庭が力を合わせて初めて、子どもにとっての生活環境・教育環境が整うのです。入園したからといって保護者の存在の重要さに変わりはありません。園・保育者は子育てのサポーター。主役はあくまでも保護者と子どもであることを伝えましょう。

禁句【気をつけたい言葉】

つまらないことを
いちいち聞かないでください。
気にしすぎですよ。

保護者にとっては大問題かもしれません。切り捨ててはダメ。

コラム

自己紹介はコミュニケーションの第一歩

―「今年の担任は外れ」と言わせないために―

毎年4月になるとひそかにささやかれる保護者の会話。「うちの子のクラスは□□先生なのよ。外れだわ」「○○組は△△先生ですって」「えーっ、いいわねぇ、大当たりで」

もちろん宝くじではありません。保護者にとって担任保育者は、大事なわが子を預ける人間。しかも自分で選ぶことができないだけに大問題なのです。でも、保育者だって子どもや保護者を選べません。お互いに外れでも1年間おつき合いしなければならないのですから、少しでも仲よくなる方法を考えましょう。

人間は第一印象が重要です。まず自分の外見をじっくり観察しましょう。低年齢児クラスの担任なら、優しくて暖かい感じ。年中・年長クラスの担任なら、活動的で頼りがいがある感じに見えると保護者に安心感を与えます。クラスカラーがあるなら、その色のものをさりげなく身につけて、顔と名前を覚えてもらうまでの目印にするといいでしょう。

また、自己紹介はコミュニケーションの第一歩です。自分から心を開くつもりでプラス面もマイナス面も話しましょう。ただし、話すときはマイナス面を先に、プラス面を後に言うようにすること。

例えば「わたしはちょっと大ざっぱですが、その分おおらかな性格で…」と言えば、おおらかというプラス面が印象に残るし、「わたしは人見知りするタイプですが、慣れるとけっこうおしゃべりなんですよ」と言えば、第一印象のマイナスをカバーできます。得意なことは自慢話にならないように、苦手なことや嫌いなことはユーモアを交えて話すと好印象。そのほか、血液型や星座、趣味や好きなものなど、保護者が共通の話題を見つけやすくすると、次の会話につながります。

信頼関係が築ける保護者との話し方

Ⅱ 保護者の気持ちに寄り添って

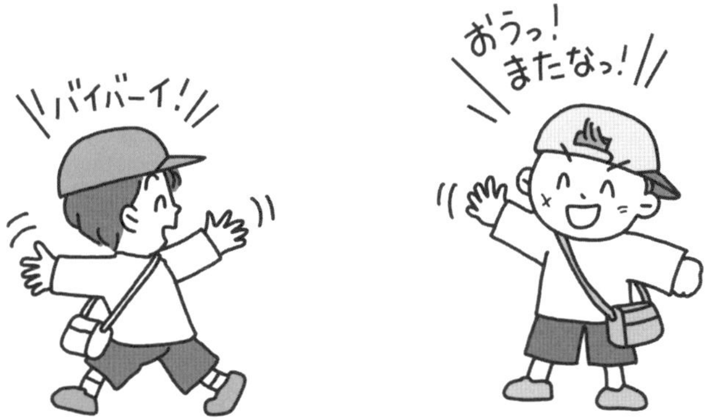
バイバーイ！
おうっ！
またなっ！

こんなとき

こんなとき

おかあさんが迎えに来たときや、行事でいっしょに帰るときに

「やっぱり、おかあさんがいちばん大好きなのよね。」

えっ？
ボク、ケッコンしても
ママがいちばん
だから――!!
ズルッ
今日
プロポーズ
されまして♡

解説

この言葉のもつ意味は？

母親にとって子どもは、おなかの中にいるときから一心同体の掛け替えのない存在。成長を願う気持ちとは裏腹に、自分から離れていくことに不安も感じているものです。

入園当初は保護者から離れられずに泣いたり、お迎えに来ると駆け寄って飛びついていた子どもが、慣れるにしたがってあっさりとバイバイしたり、急いで迎えに来ても「もっとあそぶ。まだかえらない」と言い張ったり、「○○せんせい、だいすき」などと言うと、保護者にわが子を取られたような気持ちになるのです。やきもちと言ってもいいでしょう。だからこそ、子どもにとって保護者がいちばん大切な存在なのだということを保護者が伝えることが、保護者の自信とゆとりにつながります。

保護者は一生子どもと関わっていく存在です。でも保育者は違います。保護者以上の存在にはなれないし、なってはいけないのです。一歩下がって、保護者と子どものサポーターを目ざしましょう。

禁句【気をつけたい言葉】

○○ちゃんはすっかり慣れて、もうおかあさんがいなくても全然平気ですよ。

保護者のプライドを傷つけます。

こんなとき

子どもの意外な一面を知らされたときに

「○○くんには、そういうところがあるんですね。教えていただいてありがとうございます。」

うちにかえるとスグにね….♡
くうちゃ～ん ただいま♡
さびしかったよ～
へ～え～～♡
おうっ! またなっ!
バイバーイ!

この言葉のもつ意味は？

わたしたち大人が、家と仕事場では言動が違うように、子どもにも公の顔とプライベートの顔があります。家庭では活発でおしゃべりな子どもが、園では無口でおとなしかったり、家庭では甘えん坊で何もしない子どもが、園ではお姉さん格だったりすることは珍しくありません。どちらもその子どものほんとうの姿なのです。両方の姿を知ってこそ、その理由を考え適切な対応をすることができるわけですから、家庭でのようすをできるだけ聞くようにすることが大切です。

また保護者は、子どもの公の顔を見たことがないため、保育者が伝える園でのわが子のようすに納得しない場合があります。「園の環境が悪いから、ほんとうの自分を出せないでいる」とか「無理をしている」と考えてしまうのです。子どもにもいろいろな顔があること、いろいろな角度から子どもを見て、良い面を伸ばしていくこと、そのために園と家庭が協力し合うことの必要性を伝えていきましょう。

禁句【気をつけたい言葉】

**○○くんが
そういう子だなんて、
信じられないですね。**

こんなとき

子どもの話だけで苦情を言ってこられたときに

「注意していたつもりですが、気がつきませんでした。申しわけありません。もう一度きちんと見てお知らせします。」

解説

この言葉のもつ意味は？

子どもの話をうのみにして、いろいろなことを訴えてくる保護者がいます。「お友達にいじめられている」と言うので注意して観察したら、本人がわがままなため友達から敬遠されていたケースがありました。子ども自身は決してうそをつくつもりではなくても、子ども同士の誤解や本人の思い込みで事実とは異なる話になったり、保護者に構ってほしくて脚色していることもあります。でも、どんなに怪しい話でも、即座に否定してはいけません。保護者の話を否定することは、子どもをうそつき呼ばわりしたことになるからです。きちんと受け止めたうえで、事実を確認して早めに返事をしましょう。子どもの言動を2〜3日観察していればだいたいのようすはわかるものです。4・5歳児なら本人と1対1で、さりげなく話を聞いてみましょう。

保護者に報告するときは、事実だけでなく、どんな対応をしたかも合わせて話すと「先生はちゃんとやってくれる」と信頼が増します。

禁句【気をつけたい言葉】

そんなことは絶対ありません。○○ちゃんの作り話じゃないですか。

子どもを信じなければ、保育者失格ですよ。

こんなとき

子どものことを、あまり話してくれない保護者に

○○ちゃんは園では～ですが、おうちではどうですか？

解説

この言葉のもつ意味は？

保護者の多くは、園での子どものようすは知りたがるのに、家庭での子どものようすは聞かないと話してくれないものです。園で問題なく元気に過ごしているならそれで安心で、家庭でどうしているかは園とは無関係だと思っているようです。プライバシーの問題だから聞かれたくないという人もいます。でも、子どもを正しく把握するためには家庭でのようすを知る必要があります。園と家庭では別人格という場合もないとは言えないし、何か気になる言動があったとき、それが園でだけなのか家庭でもそうなのかがわからないと、原因も対応も正しく判断できません。園でのようすを伝えるついでに、さらっと話題にしてみましょう。例えば「○○くんは絵をかくのが好きで、よく電車の絵をかいています。おうちでもかいていますか？」とか「ちょっと恥ずかしがりやさんみたいですが、おかあさんといっしょのときもそうですか？」など、具体的なことを話題にすると保護者も話しやすくなります。

禁句【気をつけたい言葉】

家ではどうか知りませんが、園にいるときの○○くんは～なんですよ。

「それがほんとうの姿だ」と決めつけてはダメ。

こんなとき

消極的な保護者に、さりげなく話しかけたいときに

「今日は、小さい組の子に靴を履かせてあげていたんですよ。○○くんって優しいところがあるんですよね。」

解説

この言葉のもつ意味は？

たくさんの子どもたちを預かっていると、すべての保護者と均等に接するのは大変です。ついつい話しかけてくる保護者の相手をすることが多くなってしまい、話しかけてこない保護者は後回しになりがちです。でも、そういう静かな保護者ほど、実は保育者の言動に神経質だし、子どものことを気にしているものなのです。話しかけてこない保護者にこそ、積極的に声をかけるように心がけましょう。ただし、いきなり質問や要求を突きつけてはダメ。「今日は、○○くんといっしょに砂場で大きな山を作ったんですよ」とか「□□くんは、洋服を畳むのがじょうずですね」など、その日の行動や気づいた良い点のみ報告する程度から始めましょう。静かな保護者はリアクションも薄いですが、内心は「うちの子のこともちゃんと見てくれているんだ」と安心しているはずです。特に意外な一面を伝えると「先生はうちの子をわかってくれている」と信頼関係が深まります。

禁句【気をつけたい言葉】

**用があるなら、
おかあさんのほうから
話しかけてください。
わたし、忙しいんですから。**

これではますます
しゃべらなくなり
ます。

コラム

保護者の気持ちを知るために

―大切なペットを預けたら?!―

「子どものいない人には、親の気持ちはわからない」と、よく言われます。でも、子どもがいなくても、大切な人やものはだれにでもあるはずです。例えば、かわいがっているペットをだれかに預けたとしましょう。人間の子どもとペットのイヌやネコをいっしょにするなんて…と叱られるかもしれませんが、飼い主にとってはわが子同然というペットは決して珍しくありません。とにかく、あなたの大事なペットを、まだ知り合って間もない人に預けたとします。朝別れるときに泣いていたら「ずっと、泣いているんじゃないか」と気になるし、お昼になれば「ごはんは食べたかしら。あの子はおなかが弱いのに、変な物食べていないかしら」と心配し、迎えに行ってちょっと元気がなかったら「もしかして、いじめられていたんじゃ……」と疑心暗鬼になったとしてもおかしくはないでしょう？

「だいじょうぶ。元気に遊んでいましたよ」と笑顔で言われても「何がどうだいじょうぶなのか、ちゃんと聞かせて」と言いたくなるはずです。

子どもを園に預けた保護者は、そんな複雑な心境なのです。自分の目の前で転んだなら、擦りむいたひざにばんそうこうをはっておしまいでも、園で転んだ擦り傷は「消毒はしたのかしら？　ばい菌が入ったらどうしよう」と心配になってしまうのです。取り越し苦労だと言われても、心配性だと笑われても、うるさい保護者だといやがられても、大事なわが子を預けている以上、気にするなというのが無理なのです。保護者との人間関係は保育より難しいかもしれません。でも困ったときは「わたしが預けたとしたら、どうしてほしいだろう」と考えてみてください。ペットでも家族でも、あなたの大事なものを思い浮かべて。

だれかにあずけるなんて
考えられない…
ニャニ？
?

Ⅲ

信頼関係が築ける保護者との話し方

いつもプラスの言葉を

こんなとき

こんなとき

4月当初の落ち着かない時季に

「このクラスは個性的な子が多くて、おもしろいですよ。これからの成長が楽しみです。」

解説

この言葉のもつ意味は?

新学期当初は、新入児はもちろん進級児も慣れない環境に不安を感じたり、必要以上に気負ったりして落ち着かないものです。保育室や担任が変わることは、子どもたちにとって、大人が考える以上にストレスがかかるのです。

また新学期は保護者も神経質になっているので、園の態度や保育者の言動に過剰反応しがち。ふだん以上の気配りが必要です。しかし保育者がピリピリしたりオロオロすると、子どもや保護者の不安をあおってしまいます。まずは、保育者が落ち着くことが大切です。「4月はドタバタしていてあたりまえ」と考えて、肩の力を抜きましょう。毎日登園して、何かあそびを見つけて、けがや病気がなく無事に1日過ごせればOK。それ以外のことは落ち着いてからだんだんと身につけていけばいいのです。不安定な時季に無理に抑え込もうとすると信頼関係が育ちません。保育者が余裕をもって接すると、意外に早く落ち着くものです。「急がば回れ」を心がけましょう。

禁句【気をつけたい言葉】

こんな落ち着かないクラスは初めてです。

自分の力量不足を、子どもにせいにしてはダメ。

こんなとき

会話のきっかけづくりやコミュニケーションに

「○○くんは、いろいろな曲をよく知っているんですね。音楽好きはおかあさんの影響ですか。」

解説

この言葉のもつ意味は？

毎日子どもに接していると、思いがけない特技や長所を見つけることがあります。そんなプラスの面を発見したときは、ささいなことでもその喜びを保護者に伝えましょう。家庭ではあたりまえと思っていたことでも、保育者から聞かされると「あっ、そこがうちの子のいいところなのか」と再認識できますし、集団生活だから発揮された才能で、保護者にとっても新発見という場合もあります。それなら驚きや喜びはもっと大きいはずです。

また、子どもの特技や長所は保護者の特技や長所と共通している場合が多いので、子どもを認めることは、保護者自身を認めることにもなります。相手が認めてくれていると感じれば話しやすくなるし、相手の言うこともすなおに受け止められるものです。

日ごろからプラスのことばがけで保護者との信頼関係を築いておけば、トラブルが起きたときやマイナスの事がらを伝えるときにも話しやすくなります。

禁句【気をつけたい言葉】

○○くんの
小さくて弱々しいところが
母性本能をくすぐるんですよね。

なんでも褒めればいいってもんじゃありません。

こんなとき

引っ込み思案でなかなかあいさつや返事ができない子どもに

「○○くんは心の中で言ってくれてるんだよね。せんせい、おはようって。」

解説

この言葉のもつ意味は?

あいさつや返事はしつけの基本と考えられているため、できないわが子にプレッシャーを与えてしまう保護者は多いようです。でも無理に言わせようとすると、かえって心を閉ざすことになりかねません。大切なのは言葉を発音することではなくて、気持ちが通じているか否かです。しゃべらない子どもには『先生はちゃんとわかっているよ。待ってるよ』という気持ちを伝えていくことが大切です。

人間が言葉をしゃべるのは、だれかに何かを伝えたいと思うからです。園が安心できる場所になり、保育者が「この人に伝えたい」と思える人になれば、しぜんにあいさつや返事をしてくれるようになります。保護者にも「焦らなくてだいじょうぶ。笑顔やバイバイもりっぱなあいさつですよ」と話して安心させましょう。ただし、おしゃべりなのにあいさつや返事だけしないという子どもの場合は、その子どもの手を取り、目を見て、あいさつや名前を呼ぶことを繰り返し、習慣づけすることも必要です。

禁句【気をつけたい言葉】

あいさつぐらい、
親がしつけるのが常識ですよ。
ほら○○ちゃん、
ごあいさつは?

これでは保護者も子どもも萎縮して、よけいに無口になりますよ。

こんなとき

保護者の関わり方の大切さを伝えたいときに

「わたしが何をしても「すごいね」って褒めてくれるんですよ。きっと○○ちゃんもおかあさんにそう言われているからですね。」

いや〜
そんな〜♪
スゴーイ！
せんせい!!
おりがみ
じょうずだねー！
スゴーイ
うん
ひとりで
できたのー？
うん
スゴーイ！
なんでも ひとりで
できちゃうんだね！
スゴーイ！
うん
じゃ
ひとりで
生きていけるね！
スゴイね！
うん？

解説

この言葉のもつ意味は？

子どもは親のかがみと言われます。家庭で褒められている子どもは、保育者や友達の優れた点をすなおに「すごいね」「じょうずだね」と褒めてくれます。しかし、家庭で褒められていない子どもは「そんなの、ぼくだってできるよ」と対抗意識を燃やしたり、「へんなの」などとわざと否定してトラブルを起こしたりします。子どもにとって保護者の影響は絶大です。基本的生活習慣も人間関係も、保護者をお手本にして学習していきます。保護者が子どもにどう対応しているかによって、子どもの言動もそれと同じになっていくのです。

言いかえれば、保護者の関わり方が良ければ子どもも良い方向に伸びていくわけですから、保護者にその自覚をもってもらうことが必要なのです。保育のプロである保育者は、保護者に「ああしろ、こうしろ」と指導や要求をしがちです。でもほんとうにしなければならないのは、「あなたのそこがすばらしい」と保護者を褒めて、自信とやる気をもたせることです。

禁句【気をつけたい言葉】

○○ちゃんを見てると、
おうちのようすが
手に取るようにわかります。

それってどういう意味？って警戒されます。もっと具体的に！

コラム

ほんとうは優しい子なんだね

―ガキ大将が見せた、意外な素顔―

わたしは19年間保育者をしていました。担任した子どもだけでも延べ数500人。隣のクラスや兄弟を含めると、いったい何人の子どもに出会ってきたのでしょう。今となっては顔と名前が一致しない子どもや、ぼんやりとしか思い出せない子どももいて、申しわけない限りです。でもその中で、何年たってもはっきりと印象に残っている子どもたちがいます。

その中のひとり、Tくんは体が大きく頭も良く、なんでもできるわがままなガキ大将でした。でもあるとき、園庭に飛び出したTくんは最新型の三輪車に乗ったかと思うと、ちょっと走っただけで「もう、いいや」と言って、そばにいたUくんに三輪車を譲ったのです。Uくんはちょっと障害があって動作が遅いため、友達に先を越されて三輪車に乗れず、いつも友達の三輪車の後ろをついて歩いていたのです。わたしはTくんの思いやりがうれしくて、そっと声をかけました。「Uくんに三輪車譲ってあげたんでしょ。Tくんはほんとうは優しい子なんだね」すると彼は「そんなんじゃないよ」と言って逃げていきました。でもそれからのTくんは、強くて優しい本物のリーダーになっていきました。

落ち着かない・わがまま・乱暴・弱虫など、目立つ特徴があると、そこばかり注目され、ほかの良い面が見落とされがちです。「この子はこういう子」と決めつけないで、まっさらな気持ちで見つめ直してみると、意外な面が見えてくるものです。そして「きみにはこんな良いところがあるんだよ」と言い続けていると、ほんとうにそうなっていきます。うそだと思うなら、ぜひ試してみてください。きっと何かが変わっていきますよ。

信頼関係が築ける保護者との話し方

Ⅳ 行事に関する ことばがけ

こんなとき

こんなとき

保育参観のときに

「今日の子どもたちは、はしゃいだり緊張しているのでふだんのようすとは違いますが、生活の流れはふだん通りです。そこを見てくださいね。」

解説

この言葉のもつ意味は？

保育者にとって保育参観ほど緊張する行事はありません。保護者の集団に保育の一部始終を監視されるのですから当然です。当日に何をするのかも頭を悩ます問題です。でもふだんから自信をもって保育をしていれば、保育参観だからといって特別なことをする必要はないはずです。保護者が見たいのも参観用の特別プログラムではなく、ふだんどんな保育をしているかなのではないでしょうか。いつも通りの保育を見てもらい、園の保育方針や実際の対応を理解してもらうことを保育参観のねらいと考えましょう。また保育参観は保護者にとっても緊張する一日です。できないわが子を見るに見かねて手伝ってしまったり、はしゃいでふざけるわが子に赤面したり、子どもの姿に一喜一憂します。ふだん見ることができないため、保育参観で見る姿がすべてだと思いがちです。「子どもたちもふだんとは違います。今日一日で子どもを判断しないでください」と伝えることが大切です。

禁句【気をつけたい言葉】

無意識に言っていないか要注意です。

この言葉は子どもに言ってはいけない禁句ベスト3。

静かに・早く・何やってるの

こんなとき

懇談会のときに

「このクラスの当面の目標は～で、今は～に興味を持ち、～を喜んでやっています。」

解説

この言葉のもつ意味は？

複数の保護者が出席する懇談会は、クラス全体のようすを報告したり、今後の行事や保育活動に関する説明や保護者へのお願いを伝える場と考えましょう。個々の子どもの育ちに関する話はプライバシーの問題があるので、当事者以外の保護者がいる場所ではしないのがルールです。また、クラス全体の活動やようすを伝えるときには、クラスの年齢・月齢に応じた平均的な育ちを伝えるようにしましょう。例えば３歳児クラスは３歳から４歳になる子どもの集団です。４月中に４歳になる子どももいれば、翌年の３月まで３歳の子どももいるわけですから、差があってあたりまえ。保護者を安心させようと「あれができる。これもできる」と背伸びした報告をすると、「うちの子はできないけどだいじょうぶ？」「ついていけるの？」と不安を与えてしまいます。「この年齢のこの時季には、子どもたちのようすは～です。でも、月齢差があるのでみんな同じではありません。例えば早生まれでは…」というように具体的に説明すると誤解を防げます。

禁句【気をつけたい言葉】

○○くんは～なのが心配です。おうちでも注意してください。

ほかの保護者の前で恥をかかせてはダメ。人間関係が悪化します。

こんなとき

家庭訪問の前に

「お宅にうかがったほうが、落ち着いてお話ができると思います。○○ちゃんのおうちでのようすなどをお聞かせください。」

あーっ せんせー♥
アラアラ先生 もういらっしゃったんですか～！
おかまいなく

解説

この言葉のもつ意味は？

家庭訪問は保育者も保護者も何かと気をつかうものです。保育者は服装や髪形、言葉づかいに注意しなければならないし、保護者は家の中を片づけたり、お茶を出すべきか否か迷ったり…。細かいことに気をつかうあまり、肝心の家庭訪問の目的を忘れがち。訪問の日時を決めるときに、訪問の目的もきちんと伝えておきましょう。

- **なんのために家庭を訪問するのか**

  例：家を訪問することで、子どもの生活環境を知りたい。保護者が落ち着ける場所で、リラックスして話してほしい。

- **何を話すのか**

  例：家庭での子どものようすを聞きたい。子どものようすで気になることはないか。　園や保育者への要望、質問を聞きたい。

など具体的に伝えておけば、事前に考えておいてもらえます。また保護者との会話が世間話で終わらないように、会話の要点を後でメモしておき、今後の対応に生かしましょう。

禁句【気をつけたい言葉】

お茶やお菓子の接待は遠慮しておりますので、お気づかいなく。

どうしたらいいの？と迷わせてしまいます。断るならキッパリと！

こんなとき

運動会当日、子どもが実力を発揮できなかったときに

「練習では喜んでやっていたんですよ。今日は雰囲気が違うから緊張しちゃったね。ごめんね○○ちゃん、だいじょうぶだよ。」

解説

この言葉のもつ意味は？

練習のときには喜んで参加し、楽しみにしていたのに、いざ本番になるとふだんとの雰囲気の違いにパニックになったり、保護者から離れられなくなって、結局何もせずに終わってしまう子どもがいます。わが子の晴れ姿に期待を膨らませていた保護者のショックは計り知れません。まして同じ年齢の子どもが元気に走ったり踊ったりしていると、「なぜうちの子だけ…」と焦って無理にやらせようとしたり、保育者への不満につながったりします。そんなときのために、事前に練習のようすや運動会のねらいを伝えておきましょう。演目紹介やお遊戯の見どころなど、全体のようすはクラス便りで、「○○ちゃんはこれがお気に入りです」など個人情報は連絡帳を活用しましょう。当日のできばえよりもそこまでの過程が大事だということや、子どもはデリケートだから体調や気分、場の雰囲気に左右されやすいことも伝えておきましょう。

　練習風景をビデオに撮っておき、後で見せる方法も効果があります。

禁句【気をつけたい言葉】

おかあさんがそばにいるから
甘えるんです。
あっちに行ってください。

不安に追い打ちを
かけてはダメ。
騒ぎを大きくする
だけです。

こんなとき

発表会の劇あそびのねらいを伝えるときに

「子ども自身が何になりたいかが大切です。選んだ役が良い役なんですよ。」

解説 この言葉のもつ意味は？

発表会といえば劇。でも配役やせりふの有無、衣装のデザインに保護者が口出しをして困るという話を聞きます。もめるのがいやだから全員同じ役とか、ダブルキャストやトリプルキャストにするとか、ジャンケンや身長順に配役するという話もあります。でもそれで子どもたちは納得するのでしょうか。

幼児の劇あそびのねらいは想像力を育てることです。自分以外のだれかになることで変身願望を満たし、役を演じることで物語の世界を楽しみ、それを観客に見せることで自己顕示欲を満足させます。そのためにはなりたいものになることが必要なのです。保護者の目から見た良い役が、子どもにとっても良い役とは限りません。せりふもなく立っているだけの木や、悪役のオオカミでも、子ども自身が選んだのなら何か理由があるのです。

幼児の劇あそびは、通常の演劇やテレビドラマとはねらいが違います。それを保護者に伝えて理解してもらいましょう。

禁句【気をつけたい言葉】

○○ちゃんは、せりふもちゃんと言えるし、しっかりしているから主役です。

主役という言葉は禁物。主役がいる話も禁物。

こんなとき

作品展のときに

「作品に上手下手はありません。
想像力はひとりひとり違います。
表現したいという気持ちを
大切にしています。」

解説

この言葉のもつ意味は？

子どもの作品を見るとき、大人はつい、完成度に注目しがちです。本物そっくりにかけていたり、色がきれいに塗れていたり、形が整っていると「じょうずだ」と判断します。

子どもたちも2〜3歳で“上手下手”という言葉を学習します。大人が無意識に使っているからです。そのため「じょうずだね」と言われないと「自分はへたなんだ」と思う子どももいます。でも本来表現活動には“上手下手”という基準はありません。例えば、ルノアールの絵はピカソの絵より整っていますが、ルノアールはじょうずでピカソはへただと言う人はいません。どちらにもそれぞれの良さがあり、個性があるからです。

子どもの作品も同じです。ひとりひとりの作品に良さがあり、個性があります。大切なのは完成度ではなく、そこに作る喜びや表現したいという気持ちが感じられるかなのです。褒めるときは「ここのこんなところがすきだな」と具体的な言葉で伝えてあげましょう。

禁句【気をつけたい言葉】

みんな見て。
○○ちゃんの絵、
じょうずにかけてるわよ。

苦手な子どもにプレッシャーをかけてどうするの？

コラム

どうせやるなら楽しくやろう
―プラス思考は、保育を救う―

園行事というものは、やると決まったら「うちのクラスはやりません」と断るわけにはいかないもの。たとえ子どもたちが興味を示さなくても､そこをなんとかして本番にこぎつけなければならないのが保育者の役割です。

考えてみれば、保育者ほどオールマイティを要求される仕事も珍しいでしょう。うたって踊ってピアノを弾いて、絵画も造形も得意で、スポーツ万能、健康第一、子どもの気持ちも保護者の気持ちもわかり、想像力が豊かで、あそび心をもち、読み聞かせがじょうずで、おむつも換えればペンキ塗りや穴掘りの技術もあり、しかもいつも明るく穏やかで笑顔がすてき…だなんて絶対に無理な話です。

保育者だって苦手なことがあります。調子が出ないときもあります。逃げ出したいときもあります。でも保育者がいやいややっていたら、その気持ちは子どもたちに伝わってしまいます。「しかたなくやる」のではなく「どうせやるなら楽しくやろう」と発想を転換しましょう。

行事の計画を立てるとき、自分と子どもたちが何をしたら楽しいのかを考えるのです。好きなこと、興味をもてることから始めれば、やる気もアイディアもわいてきます。わたしは子どものころから運動会が苦手だったので､現役のときは毎年｢わたしでも楽しめる運動会｣をテーマにしていました。かけっこが速い子どもも遅い子どもも活躍できる障害物競争とか、ダンスが苦手な子どもも踊りたくなるマスゲームのようなお遊戯など、子どもといっしょに考えた競技は保護者にも好評でした。たぶんみんなが喜んでやっている雰囲気が伝わったからだと思います。

あなたもプラス思考で苦手な行事を乗り切りましょう。どうせやるなら楽しく！　ですよ。

V

信頼関係が築ける保護者との話し方

いろいろなトラブルに際して

こんなとき

こんなとき

子どもがけがをしたときに

「○○ちゃんがすべり台で遊んでいて、
おでこに切り傷を負いました。
応急処置の後、△△病院で診療を受け、
～ということです。
そばにいながらけがを防げず、
ほんとうに申しわけありません。」

解説

この言葉のもつ意味は？

家庭ならバンソウコウをはっておしまい程度のけがでも、園でのけがには過剰反応するのが保護者の心理です。どんなささいな擦り傷でも、どういう状況でそうなったのかをできるだけ具体的に説明することが大切です。どんな処置をしたかも伝えましょう。

大きなけがの場合は家庭や職場にいる保護者に電話連絡をしますが、このときも「落ちた」「ぶつかった」「切れた」などの表現は避けましょう。突然電話で「すべり台から落ちた」と聞かされた保護者は、「すべり台のてっぺんからまっさかさまに落ちた」と最悪の想像をしがちです。誤解を防ぐためにも、事実を具体的に伝えることが重要です。また、保護者が実際に子どもの傷を見るまでは「だいじょうぶ」「安心して」などの言葉も禁物。励ますつもりが、保護者の心配や怒りに油を注ぐことになりかねません。

園児のけがは園と保育者の責任です。それを忘れてはいけません。

禁句【気をつけたい言葉】

けがをしたところは見ていないので、よくわかりません。

「見ていない」は最悪の言いわけ。子どもを見守るのも仕事です。

こんなとき

子ども同士のけんかのときに

「○○くんと△△くんがいっしょに遊んでいるうちにけんかになり、△△くんがひっかき傷を負いました。原因は～です。」

解説

この言葉のもつ意味は？

けんかは子ども同士の心のぶつかり合い。人間関係を学んでいくうえでは避けて通れない日常的なでき事です。運悪くけがを負ったとしても、けがをした側が一方的に被害者とは限らないため、これまでは詳しい経緯を保護者には伝えないという対応が多かったようです。しかし学校でのいじめが問題になってから、子どものけんかに神経質になる保護者が急増。保育者が黙っていても、ほかの子どもからその保護者に伝わり、それがまたほかの保護者に伝わって、何も知らない相手の保護者が「けがをさせたのに謝罪しないのは非常識」と非難されるなどの、新たなトラブルが生じるようになりました。

このような誤解を防ぐためにも、双方の保護者に事実をきちんと伝えることが必要です。「謝罪してほしい」「謝罪したほうがいいだろうか」と言う保護者には、逆の立場だったらどうするか、どうしてほしいかをいっしょに考えていきましょう。双方の保護者の気持ちに寄り添いながら、子どもにとっての最善策を考えていきましょう。

禁句【気をつけたい言葉】

○○くんがお休みだと、このクラスは平和なんですよ。

“悪者”のレッテルをはってはいけません。

こんなとき

要望が多い保護者に対して

「園でできることはしっかりやります。でも家庭にしかできないこともあります。力を合わせてがんばっていきましょう。」

解説

この言葉のもつ意味は？

要望の多い保護者には二つのタイプがあります。育児全般を園任せにしてなんでもやってもらおうと考えるおんぶにだっこタイプと、なんでも自分の思い通りにしようとする女王様タイプです。保育者はまじめでボランティア精神が強いため、何か要求されると「それにこたえなければいけない」と思いがちですが、なんでもやってあげることがベストとは限りません。園と家庭が連動しなければ、しつけも身につかないし、社会ルールも学べません。両方が協力してこそ、ベストな子育て環境になるのです。保護者の役割の重要性を伝えていきましょう。保育者は子どもだけでなく、保護者も育てなければならない時代なのです。

女王様タイプの保護者は、一度要望にこたえると要求がエスカレートしていきます。「ご要望はよくわかりました。でも、集団生活ですのでご希望に添えないこともあります。いろいろ考えてやっておりますので、園に任せていただけませんか」とやんわりと、しかし毅然と断りましょう。

禁句【気をつけたい言葉】

なんでも言ってください。
できないことはありません。

保育者はスーパーマンじゃありませんよ。

こんなとき

しつけのトラブル

「園だけですべてのことができるようにはなりません。おかあさんの協力が必要なのです。わたしたちを信じて力を貸してください。」

解説

この言葉のもつ意味は？

最近の保護者は核家族育ちのため、子どもが生まれるまで、子どもに接する機会も子育てを見る経験もなかった人がほとんどです。そのため、絶えず不安を抱えながら子育てをしています。その分、園や保育者に対する期待が大きいのです。入園すればおむつが取れる。好き嫌いもなくなる。友達と元気に遊べる。いろいろなことができるようになる…。すべての不安が解決するような錯覚をもってしまいます。でも、現実はそう簡単にはいきません。子どもの育ちには個人差があるし、個性も違います。集団の中で、ほかの子どもを見る機会も増えて、不安が増すことさえあります。そんな不満を園にぶつけているのです。

「文句を言われた」と思わずに、「ほかに不安を訴える相手がいないんだな」と受け止めてあげましょう。その後に、子どもの成長には個人差があるから心配ないこと、家庭での対応も大事なこと、具体的なしつけの方法を伝えて、園と家庭が連携していくことを提案しましょう。

禁句【気をつけたい言葉】

園のせいにしないでください。
ほかのお子さんは
ちゃんとできています。

子どもに責任を押しつけてはいけません。

こんなとき

保護者同士のトラブルが起きたとき

「思い違いが重なったのだと思いますよ。一度ゆっくり話し合ってみたらどうでしょう。」

解説

この言葉のもつ意味は？

保護者同士のトラブルは、親しい間がらで起こることが多いようです。家が近所で通園バスがいっしょとか、子ども同士が仲よしでお互いの家に遊びに行くなど、関わり合いが多いほど「仲よくしなければいけない」というプレッシャーがあって無理をしがち。積もり積もった不満が、ちょっとしたきっかけで爆発するのです。

保護者同士のトラブルが怖いのは、子どもへの影響が大きいこと。「○○ちゃんとは遊ぶな」とか「○○ちゃんのママは悪い人なのよ」などと保護者が子どもに言うことで、子ども同士の人間関係まで混乱します。

保育者は冷静な対処が必要です。まず両方の保護者から話を聞きましょう。ただしどちらにも同意してはダメ。客観的に話を聞きます。それから「誤解かもしれないから、話し合ってみたら」と提案しましょう。「おかあさんが元気ないと、○○ちゃんが心配しますよ。わたしもそれとなく話を聞いてみますから」と言い添えて、背中を押してあげましょう。

禁句【気をつけたい言葉】

確かに、
○○ちゃんのおかあさんは、
ちょっとわがままですよねえ。

火に油を注いではダメ。自分にも燃え移りますよ。

こんなとき

ほかの保育者の悪口を聞かされたとき

「それは申しわけありません。本人も悪気ではないと思いますが、誤解される態度はよくないです。改善するように伝えます。話していただいてよかったです。」

解説

この言葉のもつ意味は？

保護者にとって保育者の言動はいちいち気になるようです。おしゃべり好きな保護者に捕まって話していたら「特定の保護者とばかり話している。えこひいきではないか」と言われたり、子どもの世話をしていてよく聞こえなかったら「あいさつしたのに無視された」と言われたり、2〜3日かぜぎみだったら「最近ずっと元気がない。何かあったのか」など過剰に心配されたりします。しかも本人には言ってくれないので、誤解されたままになりがち。だから、だれかに話してくれることはありがたいことなのです。うるさい保護者だと敬遠するのではなく、「そういう見かたもあるのか」ととらえ、受け止めることが大切です。決してその場で否定や弁明をしてはいけません。フォローしながら謝っておき、後で本人に伝えます。相手が先輩保育者で直接伝えにくい場合は、主任や園長などに伝えて指示を仰ぎましょう。

　クレームをマイナスではなく、改善のチャンスと考える雰囲気づくりも大切です。

禁句【気をつけたい言葉】

わたしも○○先生は苦手なんですよね。いばってるわりに仕事できないし…

調子に乗ってよけいなことをしゃべってはダメ。あなたの信用を落とします。

コラム

ことばがけなんか怖くない

—みんな同じ人間だから—

保育科の学生や若い保育者と話をすると、みんな「ことばがけは難しい」と言います。相手が子どもだと、何をどう話したらよいかわからないと言うのです。子どもだけではありません。保護者や先輩保育者とのコミュニケーションにも悩んでいる人が多いようです。

彼女(彼)らの多くは核家族で、祖父母とはたまに会うだけ、ご近所や親類縁者とのつき合いも少ないし、あそび相手も同年代の友人ばかりという、狭い人間関係の中で成長してきた世代です。老若男女幅広い人間関係を経験していないため、どうアプローチしたらよいか想像もつかないのでしょう。わたしも新米保育者のころは同じような不安を抱えていました。そして悪戦苦闘の末に会得したものは、「みんな同じ人間だ」という悟りのような極意でした。

子どもでも大人でも、初めてのことや知らないことは不安だし、冷たくされたり傷つけられたら、つらく苦しいものです。でも受け止められ、認められ、わかり合えば、信頼できるし「よし、がんばろう」というやる気もわいてきます。男でも女でも、子どもでも保護者でも、みんな同じなのです。もちろん個人差はあります。

人それぞれ考え方も感じ方も違います。でも、根本は同じ。そう思えるようになってから、ことばがけは決して怖いものではなくなりました。

ことばがけや保護者対応が難しいのは、マニュアルを作れないからだと言われます。でも、あえてマニュアルを作るとしたら、「自分が言われたくない言い方はしない。自分が言われたらうれしい言い方をする」というあたりまえのことになるでしょう。みんな同じ人間だから。

Ⅵ

信頼関係が築ける保護者との話し方

言葉の子育て支援を!

こんなとき

こんなとき

子どもの誕生日に

**「お誕生日おめでとう。
先生は○○ちゃんの笑顔が大好きです。
これからもいっぱい遊ぼうね。」**

解説

この言葉のもつ意味は？

園のお誕生日会は、毎月１回、その月に生まれた子どもを合同で祝うのが一般的です。バースデイカードやプレゼントもその日に贈るため、個々の子どもの誕生日当日には特に何もないという場合もあります。でもやはり誕生日は特別な日ですから、盛大なお誕生日会とは別に、ささやかでも心の込もったイベントを演出してみましょう。

登園時に保護者と顔を合わせる場合は、いつものあいさつの後に「今日は○○くんの誕生日ですね。おめでとうございます」と声をかけましょう。きっと保護者も幸せな気分で過ごせるはずです。会えない場合は、市販のかわいいメモ用紙におめでとうメッセージを書いて、子どもの通園バッグに忍ばせます。「これは先生からの秘密お手紙だから、おうちに帰ってから読んでもらってね」と子どもに手渡してもいいでしょう。もちろんクラス内で、ほかの子どもたちといっしょに「おめでとう」を言うのも忘れずに！

禁句【気をつけたい言葉】

いい子にしていないと、
誕生日が
来ないかもしれないよ。

冗談でも言ってはいけません。

こんなとき

何かいいことがあったときに

「うわぁ、○○ちゃん、きれいにできたね。持って帰っておかあさんにも見せてあげよう。きっとびっくりするよ。」

解説 この言葉のもつ意味は？

子どもは日々成長しています。それを間近で見ることができるのが保育者の特権。でもその分、わが子の成長の決定的瞬間を見逃す保護者がいることを忘れてはいけません。何かうれしいことがあったら、保護者にも伝えて喜びを分け合いましょう。ただし、気をつけたいのは伝え方。直接しゃべったり、連絡帳に書くことがベストとは限りません。いつも保育者から一方的に知らされるだけだと「どうせ先生のほうが、子どものことをわかっていますよ」という保護者の反感につながることもあります。たまには遠回しに子ども経由で情報を流してみましょう。

「おかあさんに見せてね」「おうちの人にも教えてあげてね」と子どもにことばがけします。もちろん子どもの話ですから、きちんと伝わらないこともあります。そんなときのために「今日は～をしました。○○ちゃんにいろいろ話を聞いてみてください」というメモを入れてもいいでしょう。

禁句【気をつけたい言葉】

今日、○○ちゃんが初めて～をしたんですよ。おかあさんに見せられなくて残念。

「自分だけ見たと思って、何よ」と恨まれます。

こんなとき

何事にもルーズな保護者に

「忙しいとうっかりすることがありますよね。わたしはうっかり防止対策に～をしています。」

解説

この言葉のもつ意味は？

どのクラスにも世話のやける保護者がいるものです。園バスに乗り遅れる。欠席しても連絡がない。提出物は催促するまで出さない。子どもの服装や健康にむとんちゃく。園便りやクラス便りは読まない。お迎えを忘れる。など、まじめできちょうめんな人が多い保育者にとっては許せない保護者です。でも、「もっとちゃんとしてください」と注意するだけでは問題は解決しません。言ったときはやってくれても、結局同じ事の繰り返しになって、お互いにいやな思いをするだけです。

できないことを責めるのではなく、「わたしも忙しいとうっかりすることがあります」と、まず共感することが大切。その後で「わたしはこんなふうにしています」という具体的な対策（例・園便りや行事予定は壁にはっておく。集金袋や申し込み用紙は目につく場所に置く。園関係のものを入れる箱を用意して週に一度チェックする）を提案してみましょう。少しでも改善点が見られたら褒めることも大切です。

禁句【気をつけたい言葉】

忘れたのは
○○ちゃんだけですよ。
子どもがかわいそうだと
思わないんですか。

子どもを引き合いに出すのはひきょうですよ。

こんなとき

保護者からクレームがきたときに

「そんなふうに感じておられたのですね。気づかなくて申しわけありません。」

劇の役は
顔でえらんだんですかーっ!?
そ…
そんな…
ボク
ゴリラ
すきだけど？
なんで
ママ
おこってるの？
?
?

この言葉のもつ意味は？

保護者からのクレームの大半は、誤解や認識不足が原因です。時には自己中心的な論理を振りかざす人もいて、「そうは、おっしゃいますけれど…」と反論したくなります。が、反論すれば火に油を注ぐだけ。ぐっとがまんして、まずは聞き役に徹しましょう。

保護者の不満の裏には日常的な不安があり、それが何かのきっかけで爆発するものなのです。じっくり話を聞けば、その人の考え方や感じ方がわかるし、不満のほんとうの原因も見えてきます。例えば、発表会の劇の配役の不満は、日ごろからの不公平感が原因だったりします。まず保護者の話を聞き、「そんなふうに感じておられたんですね」と受け止め、気づかなかったことを謝罪します。その後、なぜそうなったのか経過を説明しましょう。

ふだんから、なぜそれをするのか、ねらいや効果は何かをていねいに伝えておけば、何かあったときに「○○先生のことだから、きっと理由があるのだろう」と受け止めてくれます。

禁句【気をつけたい言葉】

よけいな口出しをしないでください。わたしが信用できないんですか。

感情的になってはダメ。落ち着こう。

こんなとき

保護者への言葉づかい

「そうですね。はい、わかりました。では失礼します。」

解説

この言葉のもつ意味は？

保護者との会話は、親しみやすいけれどなれなれしくない、節度のある言葉づかいを心がけましょう。自分と年齢が近く、話しやすいタイプだと、ついつい友達口調になりがち。でも、なれなれしい言動は、良い意味での緊張感や保育のプロとしての信頼感を損ね、大切なことを伝えたいときにきちんと受け止めてもらえないおそれがあります。

また、特定の保護者とだけなれなれしい態度や言葉づかいで接していると、ほかの保護者に疎外感を与え、「○○先生は、えこひいきする」などの誤解を招くこともあります。保護者はあくまでも、預かっている子どもの親であること、保育者は保育のプロとして複数の保護者に接していることを忘れてはいけません。

いつでも、だれにでも、気持ち良く接することは難しいことです。特に苦手なタイプの保護者は敬遠しがち。でも苦手な相手ほどコミュニケーションが必要だし、相手も求めているものです。勇気を出しましょう。

禁句【気をつけたい言葉】

○○くん、車作るの
好きじゃないですかぁ？
それが超かっこ良くて、
マジヤバイって感じなんですぅ。

正しい日本語でしゃべろう。

こんなとき

子どもに病気や障害の疑いがあるときに

「ちょっと気になったので お知らせしました。 念のため、一度専門医に見ていただくと 安心ですよ。」

解説

この言葉のもつ意味は？

子どもの病気や障害は、1対1よりも集団で見ているほうが発見しやすいものです。ただ、早期発見早期治療が望ましい病気の場合と、継続的な療育が必要になる障害の場合では保護者の受けるショックが違うので、保護者に話す場合は慎重な対応が必要です。

病気・障害と決めつけず、「ちょっと気になったので…」と前置きして、具体的なようすを話します。保護者にも思い当たることがあれば、専門医を受診することを勧めますが、保護者が気づいていなかった場合や納得しない場合は、「なんでもなければいいのですが、おうちでもちょっとようすを見てあげてください」とお願いするだけにしましょう。大切なのは結論を押しつけるのではなく、保護者に注意を促すこと。その後どうするかは保護者が決めることなのです。園・保育者の役割は、子どもに何があろうともできるだけの援助をしていくことです。見守り寄り添うことも、大切な心の子育て支援です。

禁句【気をつけたい言葉】

**○○くんは
発達が遅れていますから、
専門医に診てもらってください。**

障害児のレッテルを不用意にはってはダメ！

こんなとき

保護者のようすに異変を感じたとき

「最近ちょっとお疲れのようですが、無理しないでくださいね。何かあったらいつでもお話を聞かせてください。」

解説

この言葉のもつ意味は？

現代社会にはストレスがいっぱい。その中で子育てをしていくことは、決して楽ではありません。育児の先輩である義母や実母とは意見が異なったり、同年齢のママ仲間では相談しにくかったり、多すぎる育児情報にかえって振り回されたり、がんばってもうまくいかないこともあるし、ダメでも弱音を吐けないときもあります。だから「がんばれ」や「だいじょうぶ？」よりも、「無理しないでね」「あなたはひとりぼっちじゃないですよ」「わたしたちプロに相談してね」とエールを送ることが大切なのです。

心配事の中には、金銭問題や家族間のトラブルなど、子どもとは一見無関係に思えることもあります。が、保護者の異変は子どもの生活に大きな影響を与えます。保護者が経済的・精神的に追い詰められたら、幼児虐待や育児放棄につながることもあるからです。

プライバシーに介入することは難しいですが、子どものために何をしたら良いのかを保護者といっしょに考えていきましょう。

禁句【気をつけたい言葉】

だいじょうぶですか？
顔色悪いですよ。
何かあったんですか？
がんばってくださいね。

これは励ましじゃなくて、プレッシャー。

あとがき

わたしたち保育者は、子どものことを勉強してきた幼児教育のプロフェッショナルです。でもいざ保育の場に立ってみると、相手は子どもだけではなくて、その保護者とのコミュニケーションも必要です。もちろん、学校で家族や親の心理も学んでいるはずです。でもいざとなると、個性豊かな保護者の対応にとまどうことばかり。一生懸命やったことが伝わらなかったり、軽い気持ちで言ったひと言が誤解されたり、わたしも数々の失敗を重ねてきました。そして学んだことは、「自分に置き換えて考えてみる」という基本的なことでした。

「もしもわたしだったら、何が不安だろう」「なんて言われたらうれしいだろう」「どう言われたら信頼できるだろう」と考えると、言ってほしいプラス言葉と、言ってはいけない禁句が見えてきます。ただし、プラス言葉は技術ではありません。あなたの気持ちが込もってこそ、心を動かすプラス言葉になることを忘れてはいけません。

わたなべ　めぐみ

〈著者紹介〉
わたなべ　めぐみ
童話作家・文京学院大学人間学部非常勤講師
作家である寺村輝夫氏に師事。童話創作と絵本研究をしながら、保育者として絵本を活用する保育活動を長年実践。その経験を生かした著作を執筆するかたわら、大学や保育者向け研修会において、後進の指導にあたっている。著書に『絵本であそぶ12か月／保育に生かす絵本ガイド』(チャイルド本社)、『低年齢児の劇ごっこ集』『0・1・2歳児の運動会プログラム集』(ひかりのくに)、『ちょっとずつ変化の壁面構成』(草土文化)、童話作品に『よわむしおばけ』シリーズなどがある。

信頼関係が築ける
保護者との話し方　名句と禁句でわかる入園前後〜いろんな場面の言葉と心がまえ
2005年3月　初版発行

著　者　わたなべ　めぐみ
発行人　岡本　健
発行所　ひかりのくに株式会社
〒543-0001　大阪市天王寺区上本町3-2-14　郵便振替00920-2-118855　TEL.06-6768-1155
〒175-0082　東京都板橋区高島平6-1-1　郵便振替00150-0-30666　TEL.03-3979-3112
ホームページアドレス　http://www.hikarinokuni.co.jp

印刷所　大日本印刷株式会社

Printed in Japan
ISBN4-564-60722-7
NDC376　84P 21×15㎝